Bambou
à la ferme

Bambou se promène à la campagne et arrive devant une ferme. Voilà un endroit qu'il n'a encore jamais visité. Il ouvre prudemment la grande grille et entre

dans la cour. Les animaux de la ferme sont si surpris qu'ils se cachent tous dans la grange.

Après quelques instants, la vache Blandine réapparaît prudemment. Voyant Blandine sortir sans crainte, les autres animaux sortent un à un de la grange.

«Comment t'appelles-tu?» demande Blandine.

«Je m'appelle Bambou, je suis un éléphant,» répond Bambou. «Et vous, qui êtes-vous?»

Blandine et les autres animaux de la

ferme se présentent à Bambou.
«Peux-tu donner du lait?» demande
alors Blandine.
«Euh, non...» répond Bambou.
«Peux-tu courir très vite?» demande
Sabot le cheval.
«Sais-tu pondre des œufs?» demande
Coquine la poule.
«As-tu une queue en tire-bouchon?»
demande Pinky le cochon.
«Peux-tu aboyer?» demande Pouf le
chien.

«Sais-tu miauler et ronronner?»
demande le chat Moustache.
Et chaque fois, Bambou ne peut que
répondre «non».
«Mais à quoi te sert donc ton long
nez?» demande le cochon.
«Ce n'est pas un nez, c'est une
trompe,» explique Bambou. «Grâce à
elle, je peux prévenir les animaux
lorsqu'un danger se présente. Mais
elle peut aussi me servir à cueillir
délicatement des feuilles aux arbres.
Et aussi à aider tous mes amis.»
«Veux-tu devenir notre ami?»
demande Pouf le chien.
«Avec plaisir,» répond Bambou.

Bambou et les rouges-gorges

«Tchip! Tchip! Tchiiip! Au secours!»
Bambou est tout surpris et regarde
autour de lui. D'où viennent donc ces
cris?
«Aide-nous. Nous sommes ici, au pied
du grand chêne.»
Papa et maman rouge-gorge
sautillent autour de leurs deux petits
au pied du grand arbre.

«Qu'est-il arrivé?» demande Bambou fort étonné. «Pourquoi n'êtes-vous pas dans votre nid?»

«Nos deux petits étaient en train de jouer et ils sont tombés du nid,» explique maman rouge-gorge. «Ils ne peuvent pas encore voler. Ils sont trop jeunes. Pourrais-tu nous aider à les reposer dans notre nid?»

«Je voudrais bien,» dit Bambou, «mais je ne sais pas grimper aux arbres et votre nid est bien trop haut pour moi. Comment allons-nous faire?»

Bambou plisse le front pour mieux réfléchir.

A cet instant passe Plumot, le petit écureuil. «Quelque chose ne va pas?» demande-t-il.

«Plumot!» s'écrie Bambou. «Tu tombes à pic! Toi, tu pourras sûrement nous aider.»

Bambou lui explique ce qu'il s'est passé. «Ecoute, avec ma trompe, je vais déposer les deux petits rouges-gorges sur la première branche. Puis ils s'accrocheront à ta queue et tu les conduiras

jusque dans leur nid.
N'est-ce pas une
bonne idée?»
Aussitôt dit, aussitôt fait. Et quelques
instants après, les deux petits oiseaux
se retrouvent dans leur nid. Papa et
maman rouge-gorge remercient
Bambou et Plumot. «Revenez nous
voir dans deux semaines, vous verrez
comme ils auront bien appris à voler.
Au revoir et grand merci!»

Bambou fête son anniversaire

«Tari, tari, tara!»
Bambou barrit de toutes ses forces.
Tous les animaux de la ferme sont
réveillés en sursaut.

«Veux-tu bien arrêter de faire tant de bruit? Nous voulons encore dormir!» lui répond-on de toutes parts.
«Levez-vous. Aujourd'hui est un jour pas comme les autres!» crie Bambou.
«J'ai un an aujourd'hui!»
«Hourra! C'est l'anniversaire de Bambou!» s'écrie la vache Blandine.

«Hourra!» crient les autres animaux, Coquine la poule, Sabot le cheval, Pinky le cochon, Pouf le chien et le chat Moustache. Les poussins et les souris chantent en chœur «Joyeux anniversaire! Joyeux anniversaire!» Ils voudraient bien lancer Bambou trois fois en l'air mais évidemment, le petit éléphant est bien trop lourd... Bambou est très content. Il remue sa trompe en tous sens et barrit sans

relâche. Ses yeux pétillent et ses larges oreilles s'agitent tant que le plus petit des poussins en tombe presque à la renverse.
Pendant ce temps, Coquine la poule et Pouf le chien sont à la cuisine. Ils préparent un grand gâteau d'anniversaire pour leur ami Bambou. Sabot le cheval lui demande ce qu'il

aimerait bien boire et manger. Pinky le cochon lui apporte en courant une belle grande couronne d'anniversaire. Le soir arrive déjà et tous les animaux sont bien fatigués. Ils s'endorment en un instant. «Quelle belle journée!» se dit Bambou avant de fermer les yeux. «J'aimerais bien fêter mon anniversaire tous les jours...»

Bambou et les abeilles

Bambou s'est allongé pour faire une sieste.

«Bzzz, bzzz.» Bambou agite un peu les oreilles. «Bzzz, bzzz.» Finalement, il ouvre les yeux.

«Qui donc me dérange durant ma

sieste? J'étais si bien installé,»
marmonne Bambou. «Ah, c'est vous,
vilains insectes. Laissez-moi dormir.»
«Nous ne sommes pas de vilains
insectes. Nous sommes des abeilles
et nous sommes bien utiles. Nous
fabriquons du miel,» répondent les
abeilles en bourdonnant.
«Vous fabriquez
du miel? Je
ne le savais

pas. Mais pourquoi m'avez-vous réveillé?» demande Bambou.
«Il y a eu beaucoup de vent cette nuit et notre ruche s'est renversée. Nous n'avons pas assez de force pour la remettre à sa place. Pourrais-tu nous aider? Avec ta trompe, tu devrais certainement y parvenir...»
«Bien sûr! Conduisez-moi à votre maison.»

Bambou et les abeilles arrivent devant la ruche renversée.
Le petit éléphant la redresse et la remet à sa place.
«Merci, Bambou. Pour ta récompense, que dirais-tu d'un grand pot de miel?» lui demandent les abeilles.
«Mmmm, comme cela sent bon!» répond Bambou. Tout content, il rentre chez lui, un pot de miel sous le bras.